수제튀김 할 때마다
새를 생각해

세종마루시선 008

수제튀김 할 때마다 새를 생각해

2022년 4월 15일 초판 1쇄 발행

지은이 정미숙
펴낸이 윤영진
기획 이은봉 김백겸 김영호 최광 성배순
홍보 함순례
펴낸곳 도서출판 심지
등록 제 2003-000014호
주소 34570 대전광역시 동구 대전천북로 12
전화 042 635 9942
팩스 042 635 9941
전자우편 simji42@hanmail.net

ISBN 978-89-6627-220-4 03810

* 이 책은 한국예술인복지재단 후원으로 발간되었습니다.

세종마루시선 008

수제튀김 할 때마다
새를 생각해

정미숙 시집

시인의 말

많이도 흔들리며 온 길
금강 물빛에 실어 보낸다

수면을 박차고 날아오르는 새의 날갯짓
새와 금강이 하나로 만나는 공중

그 공중의 힘으로
오늘도 노래하며 걷는다

2022년 봄 세종 금강가에서
정미숙

차례

제2부

제3부

제4부

〈일러두기〉

*본문에서 〉는 '단락 공백 표시'로 한 연이 새로 시작된다는 표시이다.

제1부

검은 산

질푸르다 못해

검게 어깨동무하며

따라오는 산

그대 독 오른

산 검은 산

해초의 꿈

어느 겨울날
이른 아침
들풀에 핀 서리꽃 보며
그 경이로움에
겨울바다에 갔다

갯벌 위에 펼쳐진
해초의 꿈
감태의 희망
푸른 초원이었다

귀퉁이

아, 목말라 물 마시면
오줌 자주 마려워
오줌 누려면 밖으로 나가
귀퉁이, 귀퉁이 돌아가려면
그 귀퉁이 돌아가기까지
오죽이나 먼가

배식 전인데 언제 끝낼 거야
선임의 잔소리가 들린다
나이 먹는데 보태준 것 없으면서
나이 많다고 면박을 준다
파트타임 하루살이는
잘도, 잘도 참아내거늘

그녀는 꽃

그녀 이름은 노경숙
30년 미싱사로 일했다

공장에서 요구한 물량 맞추려
아침 8시에 출근하여
밤 11시까지 일을 이어갔다

4대 보험 꿈도 못 꾼다
공식적인 임금노동자 아니기에
전 국민에게 지급된
코로나19 재난 지원금만 받았고
그 어떠한 보조금
역시 받지 못했다

그녀는 말했다
"봉제노동자들도 사무직처럼 생리휴가를 쓰고 몸이 아프면 하루쯤 마음 편하게 쉴 수 있는 날이 왔으면 좋겠다"

지금 그녀

꽃 피어날 그날
그날을 기다리는 그녀
이름은 노경숙

겨울나무들

새로 튼 둥지에서
오일 지나고서 무덤을 생각했고
다시 이십 일 지난 후에
삼십 년 살아야 할
'보금자리입니다' 하고 신고했다

날마다 지지고 볶으며
밥 짓고 신 메뉴 개발하다 보니
온 세상 갈등이요 몸부림이다

오고 가는 사람
천 이백 명 중 확진자 한 명만 나와도
선별 검사하는 겨울나무들

콧구멍을 통해
폐로 들어간 긴 면봉의 움직임
그 찜찜한 느낌으로
수없이 메말랐다가 펴지길 빌다 보니
아침이다

〉

'음성입니다'라는 문자 확인 후에도
긴장감 사라지지 않는 나날들
그 틈으로 눈 내리고
바닷가의 벗 찾아와
뜨락에 쌓인 눈 바라보며
십년 만에 눈 만나 좋고
이십 년 만에 눈송이 본다며
함박웃음 터트린 겨울나무다

심한 재채기와 콧물 훌쩍인
나는 지금도 세상 곳곳
겨울나무의 뼛조각들 찾아
헤매고 있는지도 모른다
분명 새벽 오고 있음을 아는데
이도 저도 하지 않고
어찌 두 팔 벌려
새날을 맞이할 수 있으랴

당신의 금목서

아이스크림에 뿌린 고소한 라면과자 그리워
당신의 지문에 스민 담배 연기마저 그리워
자동변속기 시동 걸고
고양이 눈으로 질주해 보았지

안개 낀 가슴에 바람 불어
곤두박질치다 다시 빛으로 상승하기도 했지

유년시절 극장에서 영화 닥터지바고를 보고
건너던 징검다리 위에 쏟아져 내리던 달빛 별빛

해바라기 닮았다는 얼굴
당신 등에 묻으며 살포시 느끼며 바라본
바람이 전해준 그리운 모습이었지

오래된 향기 서로에게 취하여
귀함 알지 못한다지만
낡고 오래될수록 눈부신 무명치마처럼

〉

학이 추는 춤, 바다 그리워 추고
내가 추는 춤, 청산 그리워 추고
제 몸 가득히 품은 향기
발길 재촉하는 금목서

금병산 바람재

나 어쩌자고
이곳 금병산 바람재 누리길에서
남도의 바람을 만났을까
돌아돌아 휘돌아
예측불허의 삶들
그 안에 그리움 돋아나
다시 또 지나가는 바람으로

불쑥 확장되어 마주하게 된
기억들
소환해 어깨동무하다 보니
잃어버린 40년 전 아픔들
기억이 기억을 부르고
그 기억 속 기억으로
서러움 삼키며
자리를 잡고 있네

노봉방주 함께 마시자던 약속
큰소리로 함께 노래 부르자던 약속

여물지 못한 새날들
그 기억들 잃어버리면
거두지 못한 미래라고 했던 말들
지금 나의 귓전을
무자비하게 후려치는
기억 속 기억의 바람이네

겨울산

살아 있는 자 눈물 얼려

무수한 잔가지 거느리고

오자와 탈자 찾아내듯

먼 우주의 속삭임 새기며

묵묵하구나

남도의 봄

편서풍 타고 온 황사
태양을 달처럼 만들어 역병으로 덧칠한다
높이 돋아 비추는 달빛
담장과 대나무 잎 사이 서늘하게 만들며
금간 문 사이로 들어와
사람들 쉽게 잠들지 못하게 한다
달빛 한 조각 눈썹에 머물러
가느다란 빛으로
눈썹 도드라져 보이게 하면
그 빛으로 새싹 돋아나
기나긴 허기짐으로 날아간
백련사 동백 숲길
나비 벌 찾아오지 않아도
스스로 위로하던 동백꽃에게 동박새 날아와
꽃가루 묻히는 남도의 봄

신발

시시때때로 곤두박질치며
터벅터벅 걸어왔던 길
우리 모두 알고 있으니
서럽거나 외로워 하지 마라

걷고 걷다가 이리저리 부딪치며
흠뻑 젖은 발바닥으로
긴 시간 견디어 내고

두리번거리다 군데군데 상처 입어
만신창이 되어도
여전히 우리와 함께 있으니

그 비장함으로 무거운 삶을 향해
굵은 땀방울들
소금밭으로 흘러와
꼭 살아야 한다며
소금꽃으로 피어나니

〉

다시 신발 끈 꽉 메어 신으면
발바닥으로 전해지는
긴 울림으로
거침없이 걸어갈 너
나의 신발들

매화

여러 번 불합격이란
고배를 마셔본 이들은 알리라
쓰디쓴 잔 번번이 마시면서도
이번이 마지막 시험이라고 되새김질하며
다시 감독관 앞에서
바람 앞 촛불처럼
흔들려 본 이들은 알리라

핏줄마저 요동치며
날카롭게 떨고 있는 우리들
너무나 잘 알면서도
마스크 속 감독관 그녀
무심하게 건너다볼 뿐인데

길고 긴 시간 지나고
시험 끝난 후
그녀와 눈 마주친다
그 눈 그 몸짓에서
엄동설한 뚫고 올린 매화 향

훅, 하고 다가와

서로 슬며시 눈으로 웃는다

부엽토 사랑

함께 봄 마중하자던 약속
이렇게 이뤄지는가
마스크 하나 달랑 쓰고
우여곡절 앞장세우며
달려간 그곳
해풍 휘몰아친다

더러는 인생의 불시착
역사가 되기도 하기에
해풍 속에서 장례식 안팎으로
펄럭이는 검은 상복들
역병으로 요란한 세상
그렇게 봄 오고 있다

메말라 비틀어진 위 속으로
꾸역꾸역 곱창 밀어 넣고
자근자근 씹으며
긴 한숨 몰아 쉬니

〉

7년 동안 동거한 그대 우울 보인다
걷어 내어주고 싶다

썩고 썩어질 부엽토
다독이며 덮어주자
그 양분의 힘으로
천천히 점점
거침없이 걸어가시라

민들레 그녀

홀로 18년 길거리에서
노래하며 산 민들레
당당하게 '기초생활수급자'라면서
다가온 그녀, 술 취한
남편 목소리 들려오면
심장이 찌그러진 깡통으로 변한다는 그녀

음주 운전하다 사람이 죽어
감옥살이하고 출소한
60세 넘은 남편과 함께
이 코로나시대 엄동설한
길거리에서 노래한다며
민들레처럼 활짝 웃는 그녀

민들레들아

언 땅 뚫고 나와
수많은 발길질에
수많은 짓눌림 속에
피어난 우리들

서러운 이 땅의 딸들아
노역 견디며 살아온 어미들아
두려움 딛고 일어난
형제들아

오늘도 곳곳 지뢰밭이구나
가다가다 밟혀 쓰러져도
흐트러진 심장소리
다잡으며 가보자

뒤엉킨 뿌리 걷어내
서로운 꽃대 밀어내자
평등한 세상 꿈꾸며
다시 걸어가 보자

살가웠던 사람아

옷자락 부여잡으며 보채는
텃밭 손길 뿌리치고
작별 인사하려고 가네

달리는 차창 넘어
누이, 누이 부르며 다가와
빙그레 미소 짓던 모습
또 울먹이게 하네

봉선화 씨앗 모으면서
얼마나 많은 생각을 했으며
더부살이하는 여의도 빌딩 안에서
자유를 갈망하며
수많은 아픔 견디었을 사람아

빌딩숲에 살면서도
손수 기르고 만든 바질 소스 선물하며
입맛 없을 때 빵에 발라 먹고
파스타 만들어 먹으라 하던

따사롭고 넉넉했던 사람아

지독했던 지난여름엔
뜨거운 삶에 지친 나
아낌없이 격려해주던 목소리
여전히 맴도는데

마지막 배웅하려고 가네

청청하고 꿋꿋했던 사람아
먼 길 꽃길 걸어갈 사람아
슬픔 없는 세상
평화 가득한 세상에서 춤출 사람아

슬픈 회색

한때 지독하게 사랑하여
결혼해 두 아이 낳아 살았던 사람
어쩌다가
모질고 서러운 사이가 되어
어렵게 만났다

닮은 곳 없던
두 개의 색깔이었던 우리
슬픔의 중심에서
회색이었던 우리
지독한 시절
희열과 함께 오는 슬픔이었기에
사랑을 믿었기에
사랑당한 적이 있었다

종이 한 장
덩그러니 남은 백지 위에
옥수수 알갱이 같은 날들은 가고
10년 만에 만나

그는 비빔밥을
나는 고춧가루 듬뿍 넣은 라면을 먹었다

하루 종일 고속도로 운전하며
데리러 가고 데려와
다시 바래다주고
혼자 돌아온 거리
740킬로미터였다

우리들 어깨 위에
황혼이 조촘거리며
마음속 멍울들
옹골차게 풀려가고 있으므로
슬픈 회색 멀리 밀어내고
밝은 빛 물들길……

비암사 닫집

세종시 전의면 다방리
수령 860년
느티나무 만나러 왔다

역병으로 혼탁한 세상
비암사 담장 위로 우뚝 솟아
지친 발걸음 붙잡는
나무의 生

은주산 산줄기 뻗어 내려
닫집에서 울리는
청아한 풍경소리

천년을 소환하는
고독한 성지
물끄러미
부활을 꿈꾸고 있었다

제2부

오늘만

내일 여길 뜰 거야

파트타임 노동자에게

내일 같은 건 없어

이곳에는 오늘만 있어

난 내일 이곳을 뜰 거야

새벽 5시

다독이던 벗들
새록새록 떠오르겠네

다가오는 새벽 5시
나 떠나려 하네

고마웠던 그대들
마지막 식사

함께 만들어 먹던 일
오래오래 기억나겠네

모두 함께했던 일들
야금야금 떠오르겠네

악의 꽃

미우眉宇 찡그리며
진료 기다리는 동안
내내 잇몸들 들썩인다
그 아픔으로
안개 꽉 들어차 귓속의 통증으로 이어진다
꼭 쥔 두 주먹 홍건히 젖는다
보수공사 끝내고
거울 속 어두운 그림자
절룩거리며 지나온 것
지난 달력처럼 바라본다
함께 이러구러 살아가야 하나보다
오도독 유난히
생밤 씹히는 소리 좋아하는데

봄날 기다리며

떠나기 싫은 겨울
거침없이 밀려온 봄
만남 후 이별 그 아쉬움으로
꽃샘바람 속에서
눈 섞인 봄비 내리네

지금도 청춘의 광주
광주에서 통일로
남도에서 통일로
하나하나 기억하며
옹골찬 희망
그 희망 품고
또 다른 희망을 낳고 있네

오월 광주

오월의 바람
몸서리치도록 흔들리면서도
변함없이 그곳에 있었네

푸른 우리들
'임을 위한 행진곡'을
심금 두드리며 부르자

낡아가는 시계도
노래, 노래 부르며
그곳에 있었네

심장소리

매일 출근길
고용노동부 앞에서
행정안전부 앞에서
울리는 노동가 들으며
텃밭으로 간다
날마다 망부석으로
기다린 그대들 곁으로
오늘은 용기 내 다가가며
타오른 심장소리
곁에 서는 것만으로도
쿵쿵 울리는 위로
거침없이
걸어, 걸어간다

새벽 라면

펄펄 끓는 물속에
라면 한 봉지 뜯어 넣고 기다리다
스멀스멀 떠오른
스산한 기억들

도시 변두리 구내식당
긴 나무의자에 앉은
스무 살 그녀들
불어터지고 터져
국물 한 수저도 보이지 않은
라면을 먹었던가

철야를 할 때 늘
자정에 먹는 라면 한 그릇
씹지 않아도
술술 잘도 넘어가
외로움, 고단함, 허기짐과 함께
순식간에 먹어치웠던가

〉

조금 더 쉬고 싶어도
매서운 눈들 무서워
빨리 먹어버린 라면처럼
벌떡 일어나
유리창 넘어 짙은 어둠 속으로
소리 없이 질주했던가

동터 오르기 전 새벽
저승사자보다 무서운 졸음으로
저절로 감겨진 눈꺼풀
저절로 풀린 무릎으로
소스라치게 놀라다가
바늘 끝처럼 날 세우기도 했던가

그 시절
불어터진 라면을 먹던 그녀들이나
지금 편의점에서 컵라면
급하게 먹는 청춘들이나

별로 변하지 않은 세상

그러나
한 시간이 한 달처럼 길었으므로
어둠 깊으니 빛 더욱 밝았고
슬픈 꿈도 찾아왔으니

수제튀김 할 때마다 새를 생각해

한 치수 큼직한 작업복 입고
한 치수 큼직한 고무장화 신고
뻐라도 묻을 것처럼
비장하게 들어선 현장
크나큰 입 벌리고 보채는 가마솥 3개
간담마저 서늘했지

수제튀김 할 때마다
새들을 생각해
엄청난 공포로 날아오른 새들
천 번 만 번 날아도
천 번 만 번 그 공포 줄지 않았지

가마솥에 식용유 부을 땐
머무적거리지 말고 긴장 풀어
사고 나기 십상이야
기름에 데면 어쩌려고
스스로 독려하며
깊숙이 모자를 눌러썼지

〉

보호안경에 수건으로 목을 감아도
0.1초 사이로 200도의 기름 튀어
눈가장자리, 코 잔등, 귓볼
목까지 빨갛게 달아올라
머리에서 발끝까지
검붉은 새들을 생각해

다들 미친 듯이 일했지
시간은 서너 배 빠르게 돌아갔지
그보다 빠르게 늙는 우리들이야 뭐
얼굴, 손, 폐, 쓸개, 심장
날개까지 긴 울음으로 울었지

가온마을 소나무

어질러 놓아야
공간이 있다는 걸 알고
갈망이 있어야
걸어갈 길 보인다며
가온마을에서 모질게
살아남은 소나무
가파른 절벽에서
굽은 어깨 휘어진 등으로
온 힘으로 제 몸 밀어 올렸던
그 소나무였구나

* 가온마을: 옛 지명은 충남 공주군 장기면 당암리 막은골. 지금의 세종시 다정동에 위치한 아파트단지 이름.

무등산 아래서 살았네

27년 동안
무등산 군왕봉 아래서 살았네
시도 때도 없이
밀려드는 연민의 아픔들
도로 위 맨홀 뚜껑마저
바라보기 힘들어
들끓는 심장
다독이다 보니
무등산 능선자락이
가슴으로 들어왔네
무등의 사랑
평등의 꽃
온몸으로 밀어올렸네

작업복

내 몸국
배부르게 먹은 널
과탄산소다에 담갔다가
표백비누로 덧빨아
덧칠하면서
노동으로 새겨진 문신
간신히 지우고
겨울 햇빛 아래 널었더니
징글징글 울린 하루가
빛, 그 빛 속으로
걸어간다

전 부치는 날

두툼한 장화를 신은 여자
멀리서 보면 흰 오리다
무쇠솥 10개를 들면 손등과 손목 핏줄들
팽팽히 당겨진다 그것들
홀로 뒤뚱뒤뚱 옮겨야 한다
수제 전 메뉴 들어간 날이면
배식 전까지 다 부칠 수 없다
스스로 한 시간 먼저 출근해
목장갑 두 켤레에 고무장갑마저 끼고도
뜨겁게 달궈진 전판 위에서
혹사당한 손가락, 손바닥
여러 번 찬물에 담가도 불길 사라지지 않는다
불길 기어코 두 눈 속으로 들어가
고추눈물 흘리면서도
물러설 줄 모르는 여자
멀리서 보면 흰 오리가
활활 타고 있다

토담집 겨울

토담집 뒤란 대숲, 땅속 깊이 박혀 있는
사슴뿔처럼 생긴 뿌리
한 겨울에도 싹 틔우며
뒤란으로 뻗어와 분진한다
깃발 높이 든 댓잎 대견스럽긴 하지만
작은 힘으로 베어 불 붙였더니
생 대나무 비명 지르며 눈물 철철 흐린다
불꽃과 뜨겁게 입맞춤한다
사랑 그 사랑, 늦게 찾아온 것이 죄라며
꼭두서니 빛 더 짙게 피어 올리더니
연민의 밧줄로 재빠르게 묶으려 한다
노역에 시달리던 너
청청한 빛깔 좋아하던 너
생 댓잎 깜부기 빛깔로 날아오르더니
난분분 발등 주위에 선명하게 눕는다
허망한 깜부기 뒤로 하고
고샅길 끝난 자리에
우두망찰 서 있는 나를 향해
오백 살 먹은 느티나무 삼형제가

먹먹한 눈빛으로
명경지수明鏡止水 닮은 눈빛으로 살라 한다

청춘 코끼리

어느 무더운 여름날
청춘이란 이름표 달고
새로운 보금자리에 왔어요
엄마는 두 달 동안 날 품고 출산해
청록색 기운으로 다독이면서 양육했다고 해요
시시때때로 내리는 6월 장맛비
7월 따가운 볕 아래
엄마의 고된 노역들 기억하며
지낸 시간들 속에서
스무 살 청년으로 왔어요
어느 부부의 깊은 사랑과 따사로움으로
세상으로 온 나
방금 도착한 보금자리 옆
늘 마르지 않는 금강 흐르고 있으니
의연하게 방긋방긋 웃으며
잘 살아내어 볼까 해요

비상하시라

두려움 앞서
나서지 못한 사상 속 이념이여
맨몸으로 부딪친 갈등이여
불살라 추억을 먹고 되새김질한 그대
그리운 청춘 그리운 벗
그대 부르다
부르다 지친 피멍이여
붉은 너의 심장소리
우리모두 잊지 않으리
어서어서 날개
새 날개 돋아나 힘차게
비상하시라

갯벌 여인

그때 그 시절
늘 포근한 남도바람 부르며
달려가기도 했는데

지금 이 시절
새로이 둥지 틀고 있기에
쉼 없이 보채는 날들

틈틈이 남도의 갯벌 내음
비딱한 나무 밑둥치의 힘 믿고
피어 올린 매화꽃 향기들

빌딩 속에 갇힌 코끝으로 들어와
갯벌 여인 되고 있어라

제3부

푸른 노을

금강으로 온몸 던진 노을

훨훨 타오르는 물빛

고단한 하루가

날개를 접고

내려앉는다

파리 목숨

미경, 한미경
해고당했다
그 이유 아무도 모른다
밤마다 진통제 없이 잠들 수 없고
뼈마디 퉁퉁 붓고
뒤틀린 손가락

이유라면 딱 하나
아비 없는 두 아이의 어미라는 것인가
금방이라도
"미숙 언니" 부르며
다가올 것만 같은
미경, 한미경

파도

짧게 머물다 길게 떠나버린 너
마음 주는 것 마음대로 잘 안 되지만
파도마저 떠나버린 빈자리
의지만으로는 지킬 수 없다
뱃고동으로 울고 있는 너
꽃 피우지 않고 열매 맺은 무화과였거나
하루 살기 위해 천일 기다리는 하루살이였다
가을비 내리며 천일 되던 날
얼얼한 눈빛의 홍어
외롭게 떠 있는 삶 속으로 들어왔으나
사랑한다 말하지 못했다
서로의 갈길 달랐다
북쪽으로 녹슨 난로 닦으러 간 너
파도를 일으키는 아픈 사랑이었다

소란들

많이 담아줘
빨리 옮겨줘
맛있게 만들어줘
흰밥 비빔밥 콩나물밥 볶음밥 잡곡밥 현미밥
밥물 잘 맞추고
반찬 간도 잘 맞추어야 요리가 완성되지

빨리 배고파지니까
많이 먹어야 일하고 사니까
구내식당으로 무리무리 밀려오는 사람들
음식냄새 배식판 부딪치는 소리
음식 퍼 담는 소리
수저 놓는 소리에 뒤섞여
10미터 늘어져 있는 배식줄에 쫓겨
춤을 추는 두 다리
사방 굴러다니는 두 눈

먹고사는 일이
이리도 소란하다

곰팡이

도박하는 이들에게 전해진 속설, 처음 도박장에 들어온 이들과 한 테이블에 앉지 않는다는 속설……, 돈을 쉽게 따버린 초짜, 덫에 걸려 도박장 주위를 떠나지 못하고, 햇빛 보지 못할 독방에 갇힌 채 빈둥거리다 박쥐처럼 찾아드는 카지노, 밤 되면 무의미하게 보낸 하루의 모습에 화나고, 제목 없이 이어질 내일의 무기력에 힘들어 한다 세상을 향해 낯가림하며, 삶과 죽음 사이에 멈춰선 무수한 시간의 변명……, 손끝에는 무거운 쇳덩어리 매달려 있고, 머릿속에는 단단하게 튼 한탕주의 똬리 풀어지지 않는다 쾌쾌한 곰팡이, 포자로 퍼져 어둠에 가려 보이지 않는다고 별 사라진 것 아니다 어둠 거두어진 뒤 무수한 별 기대하며, 새벽녘 푸른 등을 타고 떠오를, 사막의 신기루 볼 기대감으로, 따분하게 늘어진 커튼 젖히자 햇발의 기습으로 두 눈이 찔린다

하루살이 화석

맑고 차가운 민물에서
아가미로 숨 쉬며
거듭 거듭 탈바꿈으로
몸집 키운 애벌레
어스름한 초여름날 물 박차고 나온다
포식자 눈들 피해 날개의 힘 키우며
처음 맞이한 험한 지상에서
오직 하나의 번식 위해 비상하며
무리를 키운다
포식자로부터 수컷 하루살이의
안전을 위한 전술이다
무리 사이에서 암컷의 시선을 끌어
수컷, 꼬리에 달린
긴 다리로 암컷을 낚아채고
잽싸게 정자를 전달한다
정자를 받은 암컷은 물에 내려 앉아
떠다니며 알 낳을 곳 찾다가
물고기에게 잡히지 않은 몇몇
알을 투하하고 죽는다

천 일을 살아낸 하루살이
단 하나의 꿈 이룬 후
바로 생을 마감한다
이 하나의 일 위해
먹지도 않는다
입이 없어 먹고 싶어도 못 먹는다
너무 작아 점 같은 날개
3억년 유구하게 그 날갯짓 이어온
하루살이 살아 있는 화석이다

봉황천

급물살 타고 흘러버린 세월
육십 넘은 오빠 손잡고 읍내 장터
밤길 걷는데 덩달아 보름달 따라온다

팔백 년을 살아 읍내의 역사가 된
당산나무, 봉황천 중심에 있는
건너편 포장마차 주인은 오빠 친구

잦은 봄비에 마늘 냄새 푹 젖어가고
보리이삭 줍고 삐비 뽑아
껌처럼 질겅질겅 씹어 먹던 봄날
팬티 하나 달랑 입고
온몸 새까매지도록 개구리헤엄 쳤다

파리 잡아 방학숙제 해가던 여름날
쥐 잡아 쥐꼬리 작은 성냥갑 속에 넣고
끙끙거리며 누운 변
누런 봉투에 담아가던 가을학교 이야기

〉

검정 고무줄 칭칭 감아
두 발로 발 썰매 타다 젖은 양말
다 태워먹은 모닥불 미웠던
아련한 봉황천 겨울들판 이야기

읍내에서 다방 여러 곳 운영하다
고흥극장 사서 나이트클럽을 했던
부잣집 아들이던 오빠 친구
지금은 취미가 도박사라 하며
비 오는 날이면 포장마차는 휴업이니
찾아오지 말란다
앞으로는 '승부사'로 불러 달란다
새벽 오는 길목에서 쓸쓸히 웃는 유령난초

풍경이란 동화를 품고

1

외갓집 동네 한가운데 있는 미나리꽝
미나리들 온몸 물속에 넣고
목만 쑥 내밀고 있었다
어느 날인가는 외갓집 미나리들
숫돌에 잘 갈아진 조선 낫으로 베어져
읍내 장날 팔려 나가고
수면 위에는 빛살만 남아 있었다

겨울날 미나리꽝에서 앉은뱅이 썰매 함께 타던 동갑내기 외삼촌 환한 미소 무안한듯 가장자리 얼음이 왜 더 쉽게 깨지는지 쭈그려 앉아 깨진 얼음의 무늬를 바라보고 있었다

야위어가는 빛 속으로 스며드는 사금파리
한쪽 각 떼어내면
두둑하게 딸려 나오던 미나리 밑둥치
가질 수 없는 푸른 사금파리
손가락 체온에 녹아 오래 남아 있었다

2

텃밭에 오이꽃 핀 날은
그 빛이 너무 좋아
슬픈 날이었다
맑은 슬픔이었다

천천히 오이꽃 시들고 있는 오후엔
오이 두 동강 내 손톱으로 흰 속살 파낸 뒤
실로 잘 묶으면
두개의 작은 두레박 생겼다

어두운 공동우물 밑에서 사금파리처럼 빛나던 수면, 오이 두레박 하나, 천천히 떨어뜨리고, 남은 하나를 다시 떨어뜨린 뒤, 먼저 내려진 두레박 올려 물 한 모금 마시면 희미한 오이 향내 입안에서 퍼졌다

삼월

캄캄한 궤짝 안에 박혀
오랜 부스럼
긁고 또 긁고 있었지

온몸 뒤척이다가
큰 보자기 뒤집어쓴
건물들 뒤로 하며 산에 올랐지

황토빛 선연한 낮은 둔덕 따라 가보니
수많은 매화꽃 빗속에서 주름져
갓 낳은 달걀처럼
따듯하고 애잔하게 피어 있었지

봄비 개이니
깨끗한 이불 펼쳐 놓은 듯
포근한 햇살 나풀나풀
공중으로 날아올랐지

매일매일 온전히 살지 못해도

연극 채 끝나기 전
돌연 검고 무거운 빈 무대일지라도
가슴 안쪽에 심어놓은
수선화 구근에서 움찔움찔
푸른 촉이 싹트기도 하지

울타리

눈 내리는 소리 차가운 소리
울타리에 매달리는 눈

퉁퉁 부은 턱 받치고
치과에 들어선 순간부터
시작된 공포의 긴 여행
그동안 충치가 많이도 갉아먹었구나

밤 깊어 갈수록 치통으로 뒤척이는데
탁탁, 이 벽에서 저 벽으로
장수하늘소 한 마리 사투를 벌이고 있다
어찌하여 이 겨울
서어나무와 함께 있지 않는가
필시 방황하다 길 잃어
현관문 여닫는 사이 방으로 들어왔으리라
나와 흡사하구나

서글픈 아침 다가와 창문 열고 보니
허리 휘어져라 내린 눈으로 한숨짓는 울타리

살아 있다는 건 누워 있지 않고
그렇게 서 있는 것이다

껌딱지

아웅다웅 부대끼는 형제들처럼
사선과 직선으로 내리는 비
그 비 저희들 삶을 노래하듯
텃밭에서 소소한 인간애
물결 되어 흘러넘친다

남도 함평 어느 마을
교육계 장학사 많이 배출한 마을에서
아흔 친정 엄마
콩 심고 콩밭 매고 콩 타작하여
손수 담근다는 된장

봄날 이른 아침
뱀이 출몰하기 전 채취해
짱짱하게 말린 고사리
장맛비 뚫고 가져와
내 품에 안겨주는 껌딱지

그 껌딱지 고명딸

교육공무원 합격했다
세상은 가끔 선하고 바른 생각의 편인가
가끔이 자주 혹은 항상이 되면
이런 울컥도 무감해질까

등대풀

사계절 물 귀한 읍내에서
곳곳에 항아리나 큰 고무통에
물 채워야 했던 시절

양철 대문 활짝 열어주며
수돗물 길러 가라던 참기름집 꼽추할머니
땅촌에서 가장 아름답게 피어난 꽃

오일장 서는 처마 밑
참기름 팔던 그 할머니 곁에서
신문지 찢어 손바닥 위에 얹어 놓고
구걸한 음식 수염에 묻혀가며 게걸스럽게 먹던
거랭뱅이 재수 아재
미래에서 온 시간 여행자

날씨 흐리거나 비 내리지 않으면
시장 안에서 짐 배달하고
몽당연필에 침 발라가며 중얼거리며
무엇인가를 열심히 적던

까까머리 미친 양희 언니
그들, 지금 어디에서 살고 있을까

양동이물 머리에 이고 다니던 소녀
그리운 물결 타고 온
등대풀 흰 즙으로
무성한 등불 켜는 날이 있다

도깨비 사랑

덕산기 도깨비소 검은 산
그대 닮아
움트고 자란 꿈들
푸르름으로 빗었더니
주머니 속 열망들 일어나
붉게붉게 넘나 들더이다

그 사랑, 고슴도치 사랑
굽이굽이 도로를 지키는 얼굴
창백한 사람
헐렁한 옷 입고 서 있어
행여 소스라치게 놀라기도 했으나
그대, 서운해하지 마시라

머지않아 정선 오일장에서
농주 한 사발씩 나누며
먹먹한 가난의 한
생채기 같은 그리움의 한
물줄기로 모여

조양강 물굽이 동강으로 흘러
한강으로 흘러가리라

저 아우라지 너머
형제들 기다리는 그곳으로
꼭 잡은 손 놓지 말고
아우라지 부르며 가보세나

2020 수국

예고 없이 밀려든 잿빛 하늘
구멍 난 하늘에서 쏟아지는
물폭탄에 신우대는 쓰러지고

접시꽃, 촉규화, 붉은 작약, 흰 작약, 황적색 꽃잎에 자흑점 뿌려진 원추리들
고개를 든다
꽈리 몇 그루는
등롱 닮은 열매 조롱조롱 푸르게 매달겠지
머지않아 잘 익어 주홍빛 등롱 되겠지

오십 일 물난리 풍파 새긴 수국도
덩달아 동쪽으로 고개 돌린다
밝아오는 햇살에 흙잠을 턴다

제4부

유목

오늘 돈 벌러 왔지
이곳저곳 팔려 다녔지

맛있게 먹는 모습에
행복을 찾기도 했지

효자손

바람이 분다
바람 불더니
꽃이 피고
꽃이 진다

오래전 먼 길 떠났던
당신 다가와
쿵쿵, 깊은 사랑
늘 받기만 했는데

오늘은 살랑살랑 바람 되어
요양원 어르신 찾아가 말동무하며
가려운 곳 긁어드리자

웃음 만발하여
큰 산 되고
포근한 언덕 되어
지금도 큰 바람
막아 주는 당신

〉

그 사이 새로운 바람
또 불어오고 있다

길

흰 원피스 입고
종이 만지는 사람 찾아 가는 길
달리는 차창 넘어
거침없이 달려온 가을 햇살에게
온몸 저당 잡힌 채
빨랫줄에 걸린 빨래들
들썩이며 일광욕을 한다
더듬더듬 종이 만지는 사람 찾아가는 길
대전역에서 역전 시장으로
중앙시장에서 약재거리까지
걷고 또 걷는 길
내딛는 발걸음에서
무언가 무수히 피어나
심장이 뜨거워지는 길

박하사탕

빙판길 달려간 망월동 추모제에서
알싸한 박하사탕 바람이 분다
그 바람으로 목화솜 터트리며
우리들 곁으로 낙화한 남주 시인
옥중 목소리, 울려 나오는데
가슴 뜨거워진다
육성으로 낭송한 시편들
붉게 역류하는 피멍
잿빛 세상에서 밝은 세상
열망하는 눈빛들
눈발 휘몰아친 거리 달려온
우리들 발바닥 밀어내는 중이다

푸른 무덤

봄비는 정갈한 빗자루
가르마 탄 길 뿌옇게 드러내며
참빗으로 빗질하고 있다
비듬 떨어지듯 꽃잎마저 떨어져
앓은 만큼 앓아야 봄 오듯
바람 형제들 한숨 푹 자고 나서야
입 크게 벌려 혀 내민다
나무들과 함께 선잠 깨어난 풀들
봄비 갠 햇볕, 그 햇볕으로
들떠 땅도 뒤척인다

밤꽃 향기 진동하는
바람 불어 바다까지 퍼지자
물고기알 닮은 밤톨들의 꿈
한여름 동안 잘 익어 간다
수컷의 지느러미 된 바람
알 부화할 때까지 혼신으로 부채질하며
알 껍질 까고, 새끼들 떠날 때
수컷바람 죽는다

〉

바다의 바람
상류에 당도하자마자
푸른 피 쏟으며
쓰러지고 또 쓰러진다
쌓아 올린 바람의 사리들
푸른 무덤이다

요가하는 거북이

누구도 살아 있는 등껍질
벗겨내지 못하리라
아침마다 돌 위에 앉아
작은 눈과 비대칭 이룬 등
이리저리 보여주는 수행자
육각형 골 마디마디에
물러날 수 없는 압축된 생 들어 있다

살비듬 떨어진 마른 가슴
제법 물오르면 무지개 엮었다가
허벅지나 퍽퍽 긁는 한바탕 춘몽 속에서
3백 개의 알 낳아 깨어나기 전
몇 개의 알들만 살아
거북이란 찬란한 이름을 얻는데
동면에 들면 수개월 동안
움직이지 않고 먹지 않으면서
생을 이어가는 그들
전생에 얼마나 목말랐을까

가을의 전설

그리운 남주 오빠
정희 언니 만나러 간 그곳
잘 빚어진
가을의 전설이 있었다

뒤틀린 몸 바로 세우며
뜨거운 입맞춤으로
100년을 견디어낸 나무들
녹우당 은행나무

흐트러진 마음 세우며
먹먹한 눈시울 훔치며
오로라 빛, 온몸으로 물들였다

죽은 나무, 산 나무의 버팀목이 되고
산 나무, 죽은 나무의 한으로 푸르고

대흥사 범종소리
탱화에 젖어들어
온 누리 붉게 색칠했다

내 아들 문재학

열일곱 여리고 여린 너
희고 고왔던 내 아들 문재학
1980년 오월 그날 새벽 총소리에
죽창 되어 검푸른 빛으로 가더니
무등산 민주화의 주목으로 견디어
이 어미의 심장을 뒤흔들고 있었다

세월이 약이라고
세월 가면 잊힌다는 말 모두
찢어진 가슴 또 찍는
한 서린 소리였다

망월동에 묻힌 널 확인하러 갔을 때
생때 같은 내 새끼
피로 물든 알몸으로 누워 있었다
관도 아닌 베니어합판에 덮이고
광목천에 칭칭 감기어
목은 빠져 덜렁거리고
눈도 제대로 못 감은 채

엄마, 엄마 나 여기 있어요
많이많이 무서웠지만
다른 형들과 함께 있으니
걱정하지 마세요
라고 말하는 듯한 내 새끼 문재학
어미는 쓰러져
90일 동안이나 식음 전폐하고
물만 넘기며 버텼다

추스른 몸 이끌고 집 밖으로 나가니
수군거리는 이웃들
살벌한 눈빛들 속에서
견디기 힘든 말들
재수 없게 동네에 총 맞아 죽은
폭도의 어미가 산다는 말에
기막히고 눈앞이 캄캄해
분하고 원통했다

내 아들은 폭도가 아니라고

네 누명 벗기려 어미는 다시 일어나
눈이 오나 비가 내리나
바람 불어도 한밤중에도 망월동에 달려가
너희들 흔적을 없애려는
권력들과 몸싸움 하며
총구멍 난 네 몸을 지켜냈다

내 아들 문재학 살려내라
틈만 나면 기저귀 위에 붉은 글씨 써넣어
어미 몸에 칭칭 감고
이곳저곳 누비다 겉옷 벗어
기저귀 현수막 풀어 걸며
울부짖다가 붙들려 가고
감금당하고 미행당하면서
협박당하고 구타당하면서
온 얼굴 피범벅 되어도
이 못난 어미는 너를 지키려 했다

사십 년 세월 하루같이

어서어서 내 아들 곁으로 가고 싶어도
마흔 두 살 어미 검푸른 눈빛으로
흔들흔들 어깨 부여잡고
경찰서 밖으로 나오기도 했다
내 아들 문재학
너는 지금도 열일곱 여리고 고운 모습으로
광주상고 교복차림을 한 1학년
어여쁜 내 새끼 문재학
김치찌개를 맛있게 먹던 내 아들
어디를 가도 어디를 보아도
김치찌개만 보아도 목이 메었다
기나긴 허우적거림으로
깊은 그리움으로 내 아들 문재학
너는 내 옆에만 있었다

죽은 재 불씨 살리듯
널 껴안고 살다보니
우린 화롯불이었다
너와 나 40년 세월

썩고 또 썩어, 쌓이고 또 쌓였다
앞으로도 부엽토 사랑으로
검푸른 그 사랑 부르며 가자
새날 오는 그날까지
내 아들 문재학 함께 보듬고 가자

*국립 아시아 문화전당, 아시아문화원, 사)광주민족예술인단체총연합 공동으로 (2019.12) 발간한 『어머니의 노래』에 수록된 시임.

연꽃

앞이 보이지 않는 동굴에 앉아
차디찬 몸 웅크리고 있다가
구름무늬 물결무늬 햇살무늬 묻어난
지난여름 생각으로
온몸 펴고 연분홍빛으로 걸어 나온다

화로 속 불씨 재로 덮어주어야 오래 살 듯
삼천 년 지나 싹 틔운 연씨의 바람
묵은 씨앗에 새잎 돋고
꽃대 올리는 연꽃

메말라 버석거리는 얼굴들
그 향기 거닐며
호젓하게 젖는다
다시 동굴로 들어가 긴 잠에 든대도
오늘처럼 깨어나리니

노곤한 감나무

봄은 고개 들고
궁색함 껴안고 사는 너절한 세간들
말기 암환자처럼 골골거리는데
넘어져 혼자 나뒹굴고 있는 돌덩이처럼
화암골 툇마루 냉장고
먼저 나와 온몸으로 반긴다
이슬 많이 내리고 별 많이 뜨는 산골
입구 좁고 안은 넓으며
물 많아 자궁 닮았다는 화암골
물 냄새 맡은 지렁이 땅 헤쳐 꾸물거리고
흙먼지 진동하며 돌풍을 예고할 때
누렁이 한 마리 느긋하게 고샅길 내려온다
컹컹 심드렁하게 짖는다
늙은 감나무 그림자 담벼락에서 졸다
하루하루 늙어가며
봄볕에 빛 바라기하다가 한마디 한다
그냥 그렇게 거기서 견디라고
누구도 오랫동안 행복할 수 없으며
행복한 순간 순식간 지나갈 뿐이라고

잘 먹고 자란 짐승의 살찐 등가죽 되어
포근하고 부드러운 대지 위에서
풍광 바라보다 지치면 그대로 잠들라고

웅덩이

유월 뒤숭숭한 바람 불어
먹장구름 이리저리 몰려다니고
잠깐 얼굴 비친 햇발
정수리 따갑게 한다

손부채 만들어 이마에 대고 바라본
빈약한 가지
어린 나무 사이에 걸쳐져 있는 현수막
주말 지나고 나면 사라질 너

만남,
일상의 리듬 속에서
매순간 펄럭이다 멈추길 반복하는
세상의 절반이다

희극이든 비극이든 누군가를 바라보게 되면
자기 안에 자란 열정
잘 다루지 못해 화禍 되어
잡아먹히기 십상이다

〉

모든 이별 만남의 죽음이다
어떤 과거와 미래는 날아가기 위한
징검다리가 아니라 가슴에 묻어두어야 하는
웅덩이다

어둔 기억들 불쑥불쑥 고개 내밀면
얼른 침을 꿀꺽 삼키거나
눈 질끈 감고 귀를 막아야 한다

금방 부스러질 것 같은 고독
잿더미 웅덩이 만들어
재빨리 묻거나 집어 던지는 것이다

물, 그리고 거울

제자리 못 잡고 바람벽 등진 채
여러 날 방바닥에 앉아 지내고 있었지
햇발 송두리째 삼켜버린 토담집 방
문풍지 펄럭이며 창살무늬 방문 열자
무섭게 매어 달린 고드름
비눗방울 닮은 감탄사 터트리자
줄먹줄먹한 디딤돌 내려다본
툇마루도 싱글벙글
서붓서붓 토방과 입맞춤하는 신발들
모여 들고 있다

가게 없는 산골 아낙네들
살짝 언 쌈 배추와 된장 들고 와
수줍어 마다하는 손에 쥐어 주며
잔잔한 물에 비친 애틋함으로
이야기보따리 풀어 놓는다

사그라져버린 왼쪽 치열
가는귀마저 먹었지만

구수한 입담의 산골마을 초대가수 차복순 여인
18년 전 홀로 되어
외아들 있는 서울에서 살다가
홀로 귀향한 칠십 넘은 독고 여인
5남매 홀로 키워낸 47세의 여인

무거워지고 어두워지며
역동적으로 깊어진 그녀들
젊은이들 떠나버린 산골에서
흰 이마의 미망인들

서로의 거울이 되어
그렁그렁 어울리는 날엔
겨울바람도 잠시 쉬었다 간다

해설

푸른 생명의 날갯짓을 위한 노래

— 정미숙의 시 세계

정훈(문학평론가)

역사의 질곡을 겪으면서 지나온 삶에는 구석구석 신산함만이 가득하다. 누군들 피폐한 삶의 모서리에 들지 않은 이 없겠느냐마는, 시인은 시인 자신뿐만 아니라 시인이 발 딛고 선 공간에 놓인 존재들의 양태에 민감한 사람이다. 시인 개인의 실존적인 삶도 중요하지만, 공동체를 이루는 구성원들의 삶의 조건과 환경 또한 시인의 삶 못지않게 중요한 가치를 지닌다는 사실은 굳이 필설로 확인할 필요도 없이 자명하다. 그래서 시인은 서정적인 언어로 노래하는 존재이기 전에 시간과 역사의 흐름에서 소외되고 그늘진 존재의 모습을 스케치하는 자인 것이다. 세계는 어떤 식으로든 모순되고 아이러니한 방식을 보인다. 이런 메커니즘 속에 먼지처럼 놓여 있는 유한한 인간이다. 영원한 법칙이 있다고 하더라도 인간은 시간의 테두리에서 슬며시 왔다가 그야말로 슬며시 사라지는 존재다. 그렇기에 영원의 측면에서 바라본 인간은 바람과도 같다. 언제 부서질지 모르고 언제 날아갈지 모르는 존재가 인간이다. 여기에서 비극은 싹튼다. 운명론자의 경우 곧잘 허무주의로 빠지는 이유도 여기에 있다. 하지만 운명을 고스란히 수긍하고 받아들이는 존재의 경우 삶을 극복하고 끌고 가야 하는 생명의 진실로 보일 수밖에 없다. 삶을 긍정하고 낙관적으로 바라보는 자에게 세계는 결코 허무나 비극으로만 가득 찬 시공간이 아니다. 세계가 복된 생명의 보금자리로 다가오는 것이다. 이러한 세계관을 정미숙 시인의 시를 읽으며 확인한다. 노동의 거친 숨결과 역사의 상흔에 괴로워하지만, 끝내 그러한 세계의 그늘을 벗어던지고 건강하고 힘찬 생명의 발걸음으로 앞을 향해 나아가려는 의지를 발견하게 된다. 그러므로 그의 시는 어떤 면에서 보면 삶의 진실을 찾고, 삶의 진실 속에서 움트는 세계의 빛을 끄집어내려는 몸부림이라고 해도 지나치지 않다. 척박하고 거친 세계의 표면을 응시하면서도 세계 뒷면에 감춰져 있는 존재의 빛을 노래하는 시들이 이번 시집 곳곳에 놓여 있다.

'음성입니다'라는 문자 확인 후에도
긴장감 사라지지 않는 나날들
그 틈으로 눈 내리고
바닷가의 벗 찾아와
뜨락에 쌓인 눈 바라보며
십년 만에 눈 만나 좋고
이십 년 만에 눈송이 본다며
함박웃음 터트린 겨울나무다

심한 재채기와 콧물 훌쩍인
나는 지금도 세상 곳곳
겨울나무의 뼛조각들 찾아
헤매고 있는지도 모른다
분명 새벽 오고 있음을 아는데
이도 저도 하지 않고
어찌 두 팔 벌려
새날을 맞이할 수 있으랴

—「겨울나무들」 부분

시인의 체험을 엿볼 수 있는 위 시에서 눈여겨보아야 할 대목은 "이도 저도 하지 않고/어찌 두 팔 벌려/새날을 맞이할 수 있으랴"다. 코로나19로 모두 힘겹고 차디찬 겨울 같은 나날들을 지나면서 움츠리고 있는 존재들 속에서도 겨울의 정겨운 풍경을 형상화하고 있다. 벗을 만나 눈 내리는 모습을 바라보며 웃고 즐길 수 있는 까닭은, 지금까지 시인이 부지런히 일하고 또한 세상의 풍파 속에서도 부지런히 세계를 일구어왔기 때문이다. 이러한 건강한 마음이 없다면 바이러스가 창궐하는 세태 속에서 찾아온 겨울이 그리 반가울리 없었을 것이다. 새벽이 온다는 것, 이는 지난 추운 겨울날에도 무릎 꿇지 않고 새날이 밝아올 것이라는 희망을 품은 자만이 맞이할 수 있는 진실과 다르지 않다. 희망을 품고, 끝내 그 부푼 꿈의 목덜미가 주는 온기를 잊지 않는 자만이 내일을 노래할 수 있다. 지치고 신산했던 지난날을 지나, 생명의 푸릇푸릇함이 온 세상을 환하게 밝히게 될 내일을 꿈꾸는 사람은 오늘을 허투루 보내지 않는 법이다. 「겨울나무들」에 형상화된 장면과 시인의 마음은 맑고 건강한 삶을 가져오려는 시인의 의지가 집약된 작품으로 읽힌다.

홀로 18년 길거리에서
노래하며 산 민들레
당당하게 '기초생활수급자'라면서
다가온 그녀, 술 취한
남편 목소리 들려오면
심장이 찌그러진 깡통으로 변한다는 그녀

음주 운전하다 사람이 죽어
감옥살이하고 출소한
60세 넘은 남편과 함께
이 코로나시대 엄동설한
길거리에서 노래한다며
민들레처럼 활짝 웃는 그녀

—「민들레 그녀」 전문

건강하고 낙관적인 세계와 삶에 대한 의지는 시인이 일상에서 마주친 한 부부의 모습을 통해서도 여실하게 드러난다.「민들레 그녀」에 등장하는 부부가 그렇다. "감옥살이하고 출소한/60살 넘은 남편"이 없는 동안 길거리에서 노래를 부르며 살았던 여자가 출소한 남편과 함께 노래하는 모습을 전하는 시인의 육성이 들리는 듯하다. 이들에게 야속한 건 세상의 가혹한 채찍질이었을 것이다. 시인은 노래하는 여자를 두고 민들레 여인이라고 한다. 지천에 피어있어서 어느 누가 보아도 두드러지지 않고 소박하게만 보일 뿐인 민들레는 사실 필부필부(匹夫匹婦)이며 장삼이사인 우리들이다. 존재 하나하나만 놓고 보면 그리 우뚝 서거나 빛나지는 않다. 시에 인용된 부부뿐만 아니라 당장 주변을 살펴봐도 왠지 어리숙하고 보잘 것 없어 보이는 사람들이 널려 있다. 역사는 몇몇 천재적인 정치가나 영웅이 끌고 가지 않는다. 당장에는 그리 보일지 몰라도 결국 역사는 시간의 흐름 속에서도 바닥에 납작 엎드리지 않고 꼿꼿하게 생명의 고개를 치켜드는 수많은 백성들이 만들어나간다는 사실을 우리는 잘 알고 있다. 시인이 보는 세상은 귀하고 아름다운 존재가 뿜어내는 빛이 아니다. 어둡고 그늘진 세상 한 모퉁이나 구석진 자리에서도 주어진 생명의 가치를 잃지 않고 살아가는 존재들이다. 이들이 비록 하찮아 보일지라도 기나긴 역사의 도정을 염두에 두면 이들이 있었기에 세상은 늘 변해왔고 발전해왔다고 보아야 할 것이다. 시인도 이 사실을 잘 알고 있다. 정미숙 시인의 시에서 호출하는 사람들은 늘 뺏기면서도 좌절하거나 절망하지 않고 언제 그랬냐는 듯 다시 일어서는 존재들이다.

정미숙은 이번 시집에서 삭막한 환경에서도 희망을 잃지 않고 살아가는 이웃과 지인들의 이야기를 담아낸다. 시인이 살면서 만난 사람들이다. 이들이 보여주는 몸짓과 삶의 바탕은 시인의 머리와 가슴에서 떠나지 않고 오랫동안 남아 있다. 이런 의미에서 이번 시집은 시인을 스쳐가는 사람들에게 바치는 헌사이다. 시인은 이들을 사랑이 가득한 눈짓으로 바라본다. 왜냐하면 이들 생명이 보여주는 아름다운 몸짓 하나하나, 그리고 거룩한 마음 하나하나가 시인에게 말로 형용할 수 없는 감격과 환희를 안기기 때문이다. 삶을 사람이 영그는 생명 행위라 파악할 때 시인에게 이들의 삶은 생명이 얼마나 고귀하고 값진 영역

인지 여실하게 보여주는 바로미터가 된다. 과거에도 그랬고 오늘날에도 그러한 생명이 주는 의미를 되새김질한다. 생명은 이중적인 속성을 지니고 있다. 영구적으로 지속하려는 특징이 있는 반면에, 어느 순간 자신이 속한 개체군의 항상적인 유지를 위한 개체의 생명을 헌신하려는 특징이다. 물론 거친 신화생물학적 상상에 가깝다. 굳이 자연과학적인 개념을 빌지 않더라도 모든 생명체는 한편으로 이해하기 힘든 모습을 종종 보여준다. 객관적으로 손해를 볼 수밖에 없는 환경에서도 생명체는 기어이 손해를 감수하는 모습을 떠올려 본다. 우리 인간도 마찬가지다. 분명 개개인 자체만으로 보면 힘들고 손해를 감수하는 행위이지만, 넓고 긴 안목으로 보면 공동체의 평화를 위한 행위를 생각할 수 있다. 권력과 힘에 치우쳐서 부패해가는 사회공동체를 바로 세우려는 시민의 노력과 실천이 지금도 곳곳에서 행해지고 있다. 시인의 눈길이 향하는 곳도 바로 그 현장이다.

매일 출근길
고용노동부 앞에서
행정안전부 앞에서
울리는 노동가 들으며
텃밭으로 간다
날마다 망부석으로

기다린 그대들 곁으로
오늘은 용기 내 다가가며
타오른 심장소리
곁에 서는 것만으로도
쿵쿵 울리는 위로
거침없이
걸어, 걸어간다

—「심장소리」 전문

같은 공간의 일터에서 일하는 노동자들 곁으로 가는 길에 들리는 노동가요와 함성을 생각한다. 시인 또한 이들과 함께 하루를 보내는 사람이다. 시인은 자신과 함께 주어진 직분은 다르지만 노동하면서 땀을 흘리는 동료들에 대한 고마움을 잊지 않고 있다. 그리고 시인은 노동이 빛나는 세상을 꿈꾸는 사람이다. 위 시에 가득 번지는 노동과 노동하는 사람에 대한 희망을 만져본다. "우리 모두"란 말 자체가 주는 느낌부터, 위 시가 전하는 메시지를 쉽게 떠올릴 수 있다. "오늘은 용기 내 다가가며/타오른 심장소리,/곁에 서는 것만으로도/쿵쿵 울리는 위로"란 진술에서, 이 땅에서 땀 흘리며 정직하게 일하면서 살아가는 노동자들의 하나 된 의지와 감정을 떠올려 본다. 노동이 신성하다는 말은 이제는 상식이 되어버린 시대다. 하지만 아직도 사회구조적 지배질서나 사회이데올로기는 노동에 대한 차별과 천시가 존재하는 게 사실이다. 직업에 대한 귀천의 유무를 말하는 게 아니라, 몸으로 일을 하는 것에 대한 오래된 편견과 배타의식 때문에 그럴 것이다. 민주주의 사회가 되고 경제적 · 물질적 풍요가 일반적인 상황이 된지 오래인 우리나라의 경우에도 노동이나 노동자에 대한 고정관념이 자리 잡고 있다. 시인은 거창한 담론이나 구호를 외치지 않고서도, 일상에서 팽배해진 노동의 소외를 소박하게 시로 재현한다. 시인이 바라고 모든 노동자들이 꿈꾸는 바람직한 사회는 아직 도래하지 않았다. 그리고 그런 사회가 곧 오리라 단정지을 수도 없는 현실이다. 사실 노동의 논리는 정교하고 복잡하다. 휴머니즘의 시각에서 접근하면 쉽겠지만 좋은 게 좋다는 식의 허황되고 추상적인 담론으로 흐를 가능성이 크다. 이럴 때 시가 지녀야 할 미덕을 생각해본다. 시는 언제나 약자의 편에 서 왔다. 그리고 그래야만 시의 윤리적 기능을 확보할 수 있다. 정미숙은 사람들이 외면하고 손쉽게 생각하는 오랜 편견이 무엇인지 시로써 형상화하는 작업을 게을리 하지 않는다.

그녀 이름은 노경숙
30년 미싱사로 일했다

공장에서 요구한 물량 맞추려

아침 8시에 출근하여
밤 11시까지 일을 이어갔다

4대 보험 꿈도 못 꾼다
공식적인 임금노동자 아니기에
전 국민에게 지급된
코로나19 재난 지원금만 받았고
그 어떠한 보조금
역시 받지 못했다

그녀는 말했다
"봉제노동자들도 사무직처럼 생리휴가를 쓰고 몸이 아프면 하루쯤 마음 편하게 쉴 수 있는 날이 왔으면 좋겠다"

지금 그녀
꽃 피어날 그날
그날을 기다리는 그녀
이름은 노경숙

—「그녀는 꽃」 전문

시인은 30년 동안 미싱사로 일한 한 여성노동자의 삶을 압축해서 전달한다. 이런 여성이 한둘이겠느냐마는 임금

노동자로 살아간다는 일에서 겪을 수밖에 없는 차별을 생각하게 한다. 일하면서 먹고 사는 모든 사람들에게 평등하게 돌아가는 복지를 비롯한 혜택이 유독 육체노동자에게는 해당되지 않는 현실이다. 고용주의 꼼수로 "공식적인 임금노동자"가 아닌 처지라서 "전 국민에게 지급된/코로나19 재난지원금만 받았고/그 어떠한 보조금/역시 받지 못"하는 상황이다. 시인은 그를 떠올리며 "꽃 피어날 그날"을 염원한다. 미싱 노동자 역시 "봉제노동자들도 사무직처럼 생리휴가를 쓰고 몸이 아프면 하루를 마음 편하게 쉴 수 있는 날이 왔으면 좋겠다"라며 소박한 바람을 숨기지 않는다. 노동자가 바라는 일이 보통사람들에게는 당연한 권리요 누리고 있는 혜택이지만 아직도 많은 이들이 기본적인 복지혜택을 누리지 못하고 있는 현실을 볼 때, 시인이 시에서 말하고자 하는 메시지가 무엇인지 짐작할 수 있다. 시인은 큰 것을 바라지 않는다. 우리사회가 급속도로 고도화된 산업화와 함께 민주화까지 이루어낸 이면에는 현실 이면에 감추어져 있는 이런 모순들이 쌓여 있다는 점을 생각한다. 사람에 대한 동정심이나 측은지심을 말하는 게 아니다. 자본주의 사회구조에서 비롯한 여러 모순과 문제점들이 특정한 계층에게 쌓여 조금씩 폭로되거나 현실에 드러나는 모습은 비단 어제 오늘의 일이 아니다. 합리적이고 합당한 수준의 노동정책이 정치권과 재계를 비롯한 각계 노동 및 시민단체의 협상과 대화를 통해서 이루어지고 있다고는 하지만 실상은 허점투성이다. 눈 가리고 아웅 하는 식의 주먹구구식 정책반영과, 기득권을 빼앗기지 않으려는 상부집단의 오랜 관행이 더해져 복지의 사각지대에 놓인 노동자의 실상은 아직도 그대로라고 보아야 할 것이다. 이런 현실에 시인은 눈을 감지 않는다. 노동자 연대의식이 있기에 가능한 시적 표현이다.

떠나기 싫은 겨울
거침없이 밀려온 봄
만남 후 이별 그 아쉬움으로
꽃샘바람 속에서
눈 섞인 봄비 내리네

지금도 청춘의 광주
광주에서 통일로
남도에서 통일로
하나하나 기억하며
옹골찬 희망
그 희망 품고
또 다른 희망을 낳고 있네

—「봄날 기다리며」 전문

노동자에 대한 관심과 노동이 빛나는 삶과 내일을 염원

하는 시인의 의식의 바탕에는 이 땅의 민주와 통일, 그리고 진정한 민주주의를 희망하는 마음이 가득 놓여 있음을 위 시를 보며 알게 된다. 한국에서 '광주'가 상징하는 의미는 크다. 근현대사에서 광주가 차지하는 페이지는 결코 가볍지 않다. 특히 1980년 5월로 정점에 이른 광주의 비극적 의미는, 한국의 민주주의의 피어린 상징이 되었다. 해마다 5월 광주를 기념하는 행사가 광주뿐만 아니라 전국에 걸쳐 치른다. 어린 학생에서부터 기성세대를 지나 모든 계층에 이르기까지 광주가 주는 의미와 여운은 남다를 것이다. 아무리 강조해도 지나치지 않는 광주의 상징성은 위 시에서도 보듯 "청춘의 광주/광주에서 통일로/남도에서 통일로"처럼, 한반도가 직면한 민주와 통일의 바로미터요 생생한 현장으로 직결된다. 여기에는 '광주'라고 하는 특정지역만이 문제가 아닌, 이 나라의 중대한 정치적 · 역사적 함수를 풀어내는 정신과 얼이 고스란히 담겨져 있는 공간과 시간적인 지점이 문제가 된다. 통일과 민주를 외치지 않거나 바라지 않는 사람은 없을 것이다. 그러나 광주의 의미를 망각하거나 지워버린 채 통일과 민주를 얻는 일은 보기만 번지르르한 통일과 민주요, 알맹이가 빠져버린 허상의 통일과 민주가 될 뿐이다. 그러니까 지금까지 우리가 바라마지 않았던 가치 실현을 위해서라도 광주에 담긴 실체적 진실과 그 당시 시민들의 염원을 고스란히 되살리는 일만이 진정한 의미의 통일국가와 민주주의 실현을 앞당긴다는 사실을 기억하자.

> 편서풍 타고 온 황사
> 태양을 달처럼 만들어 역병으로 덧칠한다
> 높이 돋아 비추는 달빛
> 담장과 대나무 잎 사이 서늘하게 만들며
> 금간 문 사이로 들어와
> 사람들 쉽게 잠들지 못하게 한다
> 달빛 한 조각 눈썹에 머물러
> 가느다란 빛으로
> 눈썹 도드라져 보이게 하면
> 그 빛으로 새싹 돋아나
> 기나긴 허기짐으로 날아간
> 백련사 동백 숲길
> 나비 벌 찾아오지 않아도
> 스스로 위로하던 동백꽃에게 동박새 날아와
> 꽃가루 묻히는 남도의 봄
>
> —「남도의 봄」 전문

시인에게 남도가 주는 의미는 남다르다. 시인이 태어나 자란 곳이어서도 그렇겠지만 시인이 지금까지 시를 쓰거나 사회생활을 하면서 가장 많은 정신적 양분과 의식을 심어준 곳이 바로 남도다. 정미숙의 시는 역사의식과 노동자 현실에 대한 관심을 줄곧 표현했다. 위 시는 직접적이고 구체적인 형상화는 보이지 않지만 평소 시인이 남도에 대해 얼마나 깊은 애정과 마음을 주고 있는지 확인할 수 있다. '남도의 봄'이라는 정겨운 시제에서도 짐작할 수 있듯이, 위 시는 따뜻하고 정겨운 공간인 남도의 봄을 노래하고 있다. 시에 형상화된 남도는 비단 공간적인 의미만 띠고 있지는 않은 듯하다. '남도'란 말은 우리사회에서 여러 가지 문맥을 만들어낸다. 남도는 호남에서도 남쪽에 자리한 지역 일대를 가리키는 말이다. 경상도의 남쪽을 우리는 남도라 말하지 않는다. 그러니까 남도는 공간적인 명칭과 함께 일정한 역사적 의미 또한 잠재해 있는 말이기도 하다. 남도란 말에는 어딘가 모르게 고향 이미지뿐만 아니라 근현대사의 질곡을 고스란히 지나온 한국인의 시련과 염원이 담겨져 있는 듯하다. 여기에는 한 맺힌 절규와 피비린내 나는 항거가 들어 있다. 수많은 사람들의 함성과 울음과 비명이 범벅이 된 이름이 바로 남도다. 물론 여기에는 추억과 사랑과 낭만도 가득하다. 사람이 사람을 믿고 따르고 의지하는, 그러면서도 서로를 배신하지 않고 부둥켜 안아주는 희생과 배려가 가득한 곳이 남도다. 특히 마지막 연인 "기나긴 허기짐으로 날아간/백련사 동백 숲길,/나비 벌 찾아오지 않아도/스스로 위로하는 동백꽃에게 동박새 날아와/꽃가루 묻히는 남도의 봄"은 여러 의미를 떠올리게 한다. 시어 그대로 받아들이면 동백

꽃에 날아든 동박새의 날갯짓이다. 이 또한 봄날을 맞이하는 정겹고 아름다운 풍경이기도 하다. 그리고 이에 덧붙여 지금까지 남도가 보여준 역사적인 정황들을 연상하지 않을 수가 없다. 남도는 민주와 평화의 성지로 보아도 손색이 없는 고장이다. 그런데 역사를 들춰보면 오래전부터 차별과 억압의 폐해를 가장 많이 받은 곳이기도 하다. 이런 정황을 염두에 두면서 위 구절을 읽으면 더욱 의미하는 지점이 뚜렷해진다고 볼 수 있다. 물론 나만의 확장적 해석일 수도 있을 것이고, 시인도 위 시를 쓰면서 염두에 두지 않은 의식일 수도 있다.

봄이 오면 겨우내 움츠렸던 존재들이 눈 녹듯이 기지개를 켠다. 사람도 식물도 땅도 마찬가지다. 동물도 그렇다. 봄이 주는 의미는 비단 자연적인 현상 자체가 주는 의미와는 다르다. 봄은 존재의 비약과 새로움을 위한 탈피를 내포한다. 그래서 다시 한번 생명의 불꽃을 피어 올리려는 의지가 담겨 있다. 정미숙의 시는 이런 의미에서 봄날의 시라고 해도 과언이 아니다. 그의 시에는 이 땅의 노동현실과, 고된 노동으로 점철된 노동자의 한탄과, 그늘진 역사의 마디 속에서 짓이겨진 존재의 비명이 담겨 있지만 결국 환희와 영광으로 가득 찰 봄날을 향해 노래하는 목소리가 밑바탕에 자리 잡고 있다. 한기와 냉담의 지난겨울을 지나서 맞이하는 따스한 봄기운이 여기저기 번져가서 이제는 만발하는 계절이다. 시인이 소망하는 것은

큰 게 아니라 작고 연약한 존재들이 지친 어깨를 펴고 보란 듯이 힘차게 두 발을 내딛는 세상이다. 이런 세상에서는 사람뿐만 아니라 모든 존재들이 즐거운 합창으로 아름다운 하모니를 만들어낸다.

두려움 앞서
나서지 못한 사상 속 이념이여
맨몸으로 부딪친 갈등이여
불살라 추억을 먹고 되새김질한 그대
그리운 청춘 그리운 벗
그대 부르다
부르다 지친 피멍이여
붉은 너의 심장소리
우리모두 잊지 않으리
어서어서 날개
새 날개 돋아나 힘차게
비상하시라

—「비상하시라」 전문

「비상하시라」는 시인이 시인 자신에게, 그리고 시인이 시인을 알고 있는 모든 벗들에게 던지는 메시지로 보아도 될 듯하다. 여기에는 사상도 이념도 심장소리도, 미처 앞장서지 못한 우리 모두의 양심과 마음까지도 쓰다듬어 위로하는 시인의 입술이 있다. 새날을 향해 실천하고 있는 모든 소외받고 흐느끼는 작은 존재들에게 따스한 손을 내미는 시인의 약속이 있다. 이러한 약속은 일상에서 진정성 있고 진실되게 살아가는 시민으로서 시인의 약속이기도 하다. 또한 시인이 몸소 겪고 깨달은 세상의 가치와 덕목을 고스란히 시적 언어로 살려내고자 하는 의지도 포함된다. 그간 움츠렸던 마음의 그늘과, 기운을 차리지 못해 억누르기만 했던 자신들의 목소리를 불러내어 저 창공으로 띄우려는 시인의 뜻도 담겨져 있다. 정미숙은 이번 시집을 통해 소리쳐 부르고자 한다. 자기 혼자만을 위한 삶이 아닌 우리 모두의 삶과 행복과 평화를 위한 시인의 육성이 전염병으로 힘든 이 세상에 공기처럼 퍼져나가기를 기원한다. 그리고 이것이 시와 시인과 독자가 행복하게 하나가 되어 만나는 자리이지 않을까. 한 편의 시를 읽고 자신의 삶과 일상을 반추하면서 아직 다가오지 않는 앞날을 점칠 수만 있다면, 이 또한 시가 주는 조그만 행복일 것이다. 이번 시집으로 시인뿐만 아니라 모든 독자들이 힘찬 날갯짓을 하게 되는 그림을 그려 본다.